Theo von Taane

Adolf reloaded:
„Ich bin wieder zurück!"
Witzebuch

Bibliografische Information der Deutschen Nationalbibliothek:
Die Deutsche Nationalbibliothek verzeichnet diese Publikation in der Deutschen Nationalbibliografie; detaillierte bibliografische Daten sind im Internet über http://dnb.dnb.de abrufbar.

Herstellung und Verlag: BoD – Books on Demand, Norderstedt

ISBN: 9783734798887

Das Jüngste Gericht!

Stalin, Churchill und Hitler müssen durch einen Sumpf waten. Je mehr einer gelogen hatte, desto mehr wird er einsinken. Als erstes startet Churchill und sinkt bis zum Knie ein, dann Stalin dem der Sumpft bereits bis zum Bauchnabel geht. Schließlich ist die Reihe an Adolf Hitler. Er sinkt nicht ein Stückchen ein. Fragen die anderen beiden erstaunt: „Adolf, wie hast du denn das gemacht?" Darauf Adolf Hitler:

„Ich steh auf Goebbels."

—

Vormarsch in den Osten.

Adolf Hitler marschiert in eine kleine Stadt ein, die heim ins Reich geführt worden ist.

Die Mädchen stehen mit Blumen am Straßenrand Spalier. Ein kleines Mädchen tritt aus der Reihe, kommt auf Adolf Hitler zu, und überreicht ihm ein Grasbüschel.

Verärgert fragt Adolf Hitler:

„Was soll ich denn damit?"

Da antwortet das Mädchen:

„Die Leute sagen, wenn der Führer ins Gras beißt, kommen bessere Zeiten!"

—

Frage: Was ist der Unterschied zwischen Adolf Hitler und der Sonne?

Antwort: Die Sonne geht im Osten auf, Adolf Hitler ging im Osten unter.

—

Frage: Wer war der schlechteste Golfer aller Zeiten?

Antwort: Adolf Hitler, er hat es nicht geschafft, aus dem Bunker zu kommen.

—

Was sind 90 Nazis in einer Ecke?

Ein rechter Winkel.

—

Ein ehemaliger Wehrmachtsoffizier zum anderen:

„Nach 12 Jahren Therapie wegen meines Kriegstraumas sprach mein Psychologe das erste Mal mit mir. Mir kamen vor Rührung glatt die Tränen."

Darauf der andere:

„Und was hat er gesagt?"

Antwortet wieder der erste:

„No hablo aleman."

—

Paris 22. Juni 1940: Einmarsch der Wehrmacht als Siegesparade in Paris. Nach dem Truppenaufmarsch, folgt die 7. Panzerdivision.

Einer der Panzerfahrer hört die neuesten Informationen per Funk ab. Plötzlich hört er folgende Nachricht:

„Achtung! Ein Panzer-Geisterfahrer auf den Champs-Elysee!"

Darauf der Panzerfahrer:

„Wie, einer? Hunderte!"

—

In der letzten Phase des zweiten Weltkriegs befragt Adolf Hitler in Berlin den unter größter Geheimhaltung entwickelten ersten nutzbaren Vorläufer des Computers was er tun soll.

„Sollen wir weiter vorrücken? Sollen wir die Stellungen halten oder uns bereits zurückziehen?"

Der proprietäre Computer arbeitet zwei ganze Wochen und antwortet dann:

„Ja."

Betretenes Schweigen. Dann die neue Eingabe:

„Ja was?"

Wieder rechnet die Maschine zwei Wochen und antwortet dann:

„Yes, Sir !"

—

Zwei alte Landser unterhalten sich: "Wo sind Sie denn damals verwundet worden?"

"An den Dardanellen."

"Oh, gerade da soll es ja so schmerzhaft sein!"

—

Großvater erzählt von seinen heldenhaften Einsätzen bei der Wehrmacht. Fragt Enkel Peter:

"Eins musst du mir aber noch sagen, Opa: Wozu hat man denn die vielen anderen Soldaten gebraucht?"

—

Der Deutsche Leutnant fragte einen seiner Soldaten, welche Schritte er unternimmt, wenn er einem britischen Spähtrupp begegnen würde. Antwort des Soldaten: "Möglichst große und schnelle!"

—

Zwei Landser robben durch den Wald. Meint der Erste:

"Kamerad, gib mir auch einen Kaugummi!"

Darauf der Zweite:

"Schieß dir doch selbst 'nen Ami."

–

Mitten im 2. Weltkrieg. Die deutsche Wehrmacht war wieder erfolgreich in ein Land einmarschiert. Am Abend des Kampftages wird der Sieg kräftig begossen. Als am nächsten Morgen ein Soldat von seinem Rausch erwacht und etwas benommen in die Landschaft blinzelt, fällt sein Blick auf ein Schild: ‚Heil Kräuter!' Ganz benommen murmelt der Landser:

"Verflucht, schon wieder eine Revolution verschlafen!"

—

Frage: Wie stellten sich Nationalsozialisten die arische Rasse vor?

Antwort: Sie müssen so schlank sein wie Göring, so blond wie Adolf Hitler und so hühnenhaft groß wie Goebbels!

—

In einem deutschen Kriegsgefangenenlager 1943:

Ein Engländer, ein Amerikaner und ein Franzose wurden als Spione enttarnt und zum Tod durch Erschießen verurteilt. Da sagt der Engländer zum Amerikaner und zum Franzosen:

"Ich habe gehört, dass das Exekutionskommando vor der Exekution sehr leichtgläubig sein sollen! Wenn wir clever sind, könnten wir es schaffen, zu entkommen."

Der Engländer wird zur Exekution im Freien gebeten.

Der Exekutionskommandeur ruft: "Gewehre anlegen!"

Da schreit der Engländer: "Erdbeben!"

Die Leute glauben ihm und laufen weg und der Engländer entkommt!

Der Amerikaner denkt: "Das schaff ich auch!" Er wird zur Exekution gebeten.

Der Kommandeur ruft: "Gewehre anlegen!"

Der Amerikaner schreit: "Sturmflut!"

Die Leute glauben auch ihm und laufen weg. Der Amerikaner ist frei.

Da denkt sich der Franzose:

"Das schaffe ich auch." Der Franzose wird zur Exekution freigegeben.

Der Kommandeur ruft: "Gewehre anlegen!"

Der Franzose schreit: "Feuer!"

—

Bei der goldenen Hochzeit wird der Ehemann gefragt: "Was war denn die schönste Zeit in all den Ehejahren?"

"Die fünf Jahre russische Kriegsgefangenschaft ..."

—

Adolf Hitler und Hermann Göring treffen sich zum Essen mit Gästen auf dem Obersalzberg.

Fragt einer der Gäste: "Herr Hitler, worüber unterhalten Sie sich denn so den ganzen Tag?"

"Wir planen gerade den 2. Weltkrieg."

"Und wie sieht der aus?"

Hitler: "Wir töten 4 Millionen Polen und einen Zahnarzt ..."

Der Gast schaut etwas verwirrt: "Wieso einen Zahnarzt?"

Adolf Hitler klopft Göring auf die Schulter und meint: "Was habe ich dir gesagt, Hermann. Keiner wird nach den Polen fragen ..."

—

Zwei Stabsoffiziere der Wehrmacht stehen zusammen und streiten darüber, ob Sex Spaß oder Arbeit ist. Nach einiger Zeit kommt ein Leutnant vorbei und wird von den beiden herangerufen.

"Herr Leutnant! Wir können uns nicht einigen, ob Sex Arbeit oder Spaß ist! Was meinen Sie?" Der Leutnant überlegt einen kurzen Moment und antwortet dann:

"Meine Herren, Sex kann nur Spaß sein! Wenn es Arbeit wäre, müsste ich das ja auch noch für Sie übernehmen."

—

Adolf Hitler beim Wahrsager.

Wahrsager: „Führer, sie werden an einem jüdischen Feiertag sterben."

Hitler: An welchem denn?"

Wahrsager: „Jeder Tag an den sie sterben werden ist ein jüdischer Feiertag."

—

Hoher Staatsbesuch in Norddeutschland. Obama, Cameron und die Merkel stehen an der Nordseeküste und unterhalten sich.

Auf einmal sagt Cameron:

"Wir haben ein U-Boot, das 15 Tage ohne zu tanken unter Wasser bleiben kann."

Sagt Obama:

"Das ist doch gar nichts! Wir können 45 Tage, ohne zu tanken, unter Wasser bleiben."

Merkel guckt schon ganz beschämt und sagt nichts. Plötzlich taucht ein U-Boot auf, die Luke geht auf und ein Mann schaut heraus:

"Heil Hitler! Wir brauchen Diesel!"

—

Berlin 1956, Kameradschaftsabend bei der neu gegründeten Bundeswehr. Da taucht ein schneidiger Veteran auf, zeigt sein Eisernes Kreuz 1.Klasse in die Runde und sagt stolz:

"Schauen sie mal meine Herren, 1939-1940, ich war dabei!"

Daraufhin meldet sich ein alter Knacker, zeigt nun ebenfalls sein Eisernes Kreuz 1.Klasse und sagt ebenso stolz:

"Meine Herren, 1914-18, ich war dabei!" Daraufhin kommt ein uraltes Väterchen im Rollstuhl um die Ecke und sagt herablassend:

"Pah, ich war 1870-71 dabei! Habe zwar keine Orden bekommen, dafür aber den Krieg gewonnen!"

—

Ein General zu Hitler: „Die Italiener sind in den Krieg eingetreten!"

Hitler zu dem General: „Sendet eine Kompanie, die wird sie aufhalten."

Der General zu Hitler: „Sie sind aber auf unserer Seite."

Hitler zu dem General: „Dann sendet ihnen zwei Divisionen zur Unterstützung!"

—

Frankreich 1942. Ein SS-Offizier betritt den Laden eines französischen Tätowierers und sagt:

„Ich will ein Hakenkreuz direkt auf den Arsch!"

Darauf antwortet der Tätowierer:

„Na, ok dann nehmen sie schon mal ihre Mütze vom Kopf..."

—

In einer Instruktionsstunde für die Wehrmachtssoldaten bespricht der Truppenarzt auch Maßnahmen zur Entkeimung von Trinkwasser.

„Was werden tun sie, um das Trinkwasser keimfrei zu machen?", fragt er.

„Erst kochen wir es ab und dann filtrieren wir es."

„Sehr gut! Was noch?"

„Dann trinken wir sicherheitshalber Bier!"

—

Ein junger Offizier soll in die Schreibstube versetzt werden. Bei der Vorstellung fragt ihn sein Kommandeur:

„Wie viele Anschläge schaffen Sie in der Minute?"

Der Soldat runzelt die Stirn:

„Brauchen Sie einen Mitarbeiter oder einen Bombenleger?"

—

Der Leutnant brüllt die Truppe an: „Kompanie Stillgestanden! Das gilt auch für sie da hinten mit der roten Mütze!"

Soldat: „Äh, das ist ein Hydrant, Herr Leutnant." Darauf wieder der Leutnant:

„Das ist doch mir egal! Akademiker bilden keine Ausnahme!"

—

Ein Mann erscheint zur Musterung und möchte der Kriegsmarine beitreten.

„Wo wollen sie denn hin?" wird er gefragt.

„Zur Marine."

„Können sie denn überhaupt schwimmen?"

„Nein, wieso? Haben sie denn keine Schiffe?"

In der völlig stockfinsteren schwarzen Nacht, erkennt der Kapitänleutnant des Wehrmachtkreuzers ein Licht direkt vor sich auf Kollisionskurs mit seinem Schiff. Er schickt ein Signal: „Wechsel deine Richtung um 12 Grad Ost."

Das Licht sendet folgende Nachricht zurück:

„Wechsel deinen Kurs um 12 Grad West". Verärgert, sendet der Kapitänleutnant:

„Ich bin ein Kapitänleutnant der Deutschen Kriegsmarine! Wechseln sie sofort ihren Kurs!". Dann erreicht den Kapitänleutnant die folgende Antwort:

„Ich bin ein Seemann, zweiter Klasse. Wechseln sie ihren Kurs, Kapitän."

Nun wird der Kapitänleutnant rasend vor Wut.

„Ich bin ein Kriegsschiff! Ich werde den Kurs nicht ändern!" daraufhin gibt es noch eine letzte Antwort:

„Und ich bin ein Leuchtturm. Ihre Entscheidung."

—

Adolf Hitler erzählt einen Witz und alle Angestellten biegen sich vor Lachen, nur eine Sekretärin nicht. Göring bemerkt dies und fragt:

„Sie haben aber auch keinen Sinn für Humor, oder?"

Darauf die Angesprochene:

„Doch, aber ich habe bereits gekündigt!"

—

Ostfriesland 1943. Ein General besucht eine sehr abgelegene Kaserne. Er unterhält sich mit den Soldaten und fragt ob sie keine Sehnsucht nach Weibern hätten. Ein Soldat antwortet:

„Dafür haben wir eine Stute!"

Der General lässt sich das Pferd vorführen und besteigt es mit Hilfe einer Leiter. Als er fertig ist, meint er:

„Na, das Wahre ist das aber nicht gerade!" Da klärt ihn der Soldat auf:

„Dafür nehmen wir die Stute auch gar nicht! Damit reiten wir ab und zu in den Puff nach Aurich!"

—

Vor der Kaserne eines Truppenübungsplatzes in München 1939:

Der Befehlshaber zum wachhabenden Rekruten:

„Meier! Was tun sie, wenn sich nachts eine männliche Person kriechend der Kaserne nähert?"

Antwortet der Soldat:

„Ich bringe den Herrn Leutnant unauffällig ins Bett!"

–

Ein Offizier spricht zu seiner 25 Mann umfassenden Kampfeinheit:

„Ich habe eine ganz leichte Aufgabe für den faulsten Mann hier. Wer sich für den faulsten Mann hält, soll bitte die Hand heben."

24 Männer heben ihre Hand. Der Offizier fragt den Mann der sich nicht gemeldet hatte:

„Warum haben sie nicht auch ihre Hand gehoben, wie alle anderen?" Daraufhin antwortet dieser:

„Zu viel Ärger wenn ich die Hand hebe, Herr Offizier."

–

Berlin Grunewald, Sommer 1943.

Zwei Wehrmachtssoldaten sehen wie ein Mann im Grunewaldsee ertrinkt. Beherzt hechtet der eine ins Wasser, schwimmt hinaus, taucht mehrmals ,bekommt den Mann zu fassen und zieht ihn ans Ufer. Sofort startet er die Mund-zu-Mund Beatmung. Da fragt ihn der Andere:

„Hast du auch den Richtigen erwischt?"

„Wieso fragst du?"

„Na, schau doch mal, der hier hat ja noch die Schlittschuhe an!"

—

Ein Landser wird von einem Panzer überrollt. Sein Kamerad der gerade von einer Erkundungstour zurückkommt eilt sofort ins Krankenhaus.

„Wo liegt denn der Kamerad Müller?"

„Meinen sie den der von einem Panzer überrollt wurde?"

„Ja, den meine ich."

„Der liegt auf Zimmer 16 bis Zimmer 19."

—

Adolf Hitler: „Mein süßer Liebling, mein kleines Schatzilein, mein Schnuckiputzi…"

„Was ist denn mein Lieber?" fragt Eva Braun.

„Halte den Mund, ich rede mit dem Schäferhund!"

—

Nach der Operation meint der Lazarettarzt zum Landser:

Nur keine Sorge. In spätestens 2 Wochen habe wir sie wieder draußen...so oder so."

—

Berlin, 1. Mai 1945:

Ein Wehrmachtssoldat zum anderen:

„Hast du schon gehört, Adolf Hitler soll gestern Selbstmord begangen haben?"

„Warum denn nicht, wenn er sich damit beruflich verbessern kann."

—

Adolf Hitler zu Göring:

„Ich war letzte Woche auf einer Beerdigung. Das war vielleicht eine miese Stimmung dort. Als die Musik anfing zu spielen, waren Eva und ich die einzigen die getanzt haben!"

—

Auf dem Truppenübungsplatz.

Aus Versehen schießt der eine Landser dem anderen ein Auge aus.

Darauf der Getroffene: „Wenn du das noch Mal machst, schaue ich dich nicht mehr an!"

—

Adolf sitzt zusammen mit Eva auf der Terrasse seines Hauses in Obersalzberg.

Adolf: „Und Eva, hat dir das Bonbon geschmeckt?"

Eva: „Danke Adi, es hat mir sehr gut geschmeckt."

Adolf: „Das ist wirklich sonderbar Eva, der Hund hat ihn nämlich immer wieder ausgespuckt."

—

„Ganz eindeutig Her Leutnant", sagt der Feldarzt, „man hat sie vergiftet."

Darauf der Leutnant:

„Womit denn?"

Darauf der Militärarzt:

„Das werden wir erst ganz genau nach ihrer Obduktion wissen."

—

Im Feldlazarett an der russischen Front 1943. Das Bein des Landsers ist völlig zerfetzt.

Sagt der Landser mit schmerzverzerrtem Gesicht zum Feldarzt:
„Ich kann mich nicht entscheiden zwischen Operation oder Sterben."

Darauf der Arzt:

„Na, mit ein bisschen Glück können sie vielleicht beides haben."

—

Ein Wehrmachtssoldat wird zum Stabsarzt gerufen.

Stabsarzt: „Ich habe eine gute und eine schlechte Nachricht für sie. Die Schlechte ist: Sie haben einen bösartigen Tumor."

Fragt der Soldat: „Und was ist die gute Nachricht?"

Darauf der Stabsarzt:

„Schauen sie sich mal meine sexy Assistentin mit dem weiten Vorbau an! Die habe ich gestern rumgekriegt...."

—

Afrika, 30.Juli 1942 während der Schlacht um El Alamein.

In einer Gefechtspause liest ein Wehrmachtssoldat Post von seinem Mädchen. Sie schreibt ihm, dass sie die Verlobung mit ihm lösen möchte und bittet um die Zurücksendung ihres Fotos. Der Soldat springt wütend auf und fängt an alle nicht mehr gewollten Frauen-Fotos von seinen Kameraden einzusammeln. Er packt sie zusammen und sendet diese mit folgender Bemerkung an seine Ex-Freundin zurück:

„Es tut mir Leid, dass ich mich nicht erinnern kann welches dein Foto ist. Bitte suche es heraus und schicke mir die anderen zurück."

—

München 1990: Ein Typ sitzt an einer Bar und trinkt etwas. Dann bemerkt er einen Mann, der wie der uralte Adolf Hitler aussieht. Er geht auf ihn zu und sagt:

„Hey Kumpel, du siehst ja aus wie Adolf Hitler." Darauf antwortet der Angesprochene:

„Ja, ich bin es und überlege mir gerade wie ich den dritten Weltkrieg beginne um das 3.Reich wieder aufzubauen. Und dieses Mal wird es keinen „mister nice guy" geben.

—

Berlin 1947:

Ein Mann hat das Gefühl die Beichte ablegen zu müssen und geht zu einem Priester:

„Vergib mir, Vater, denn ich habe gesündigt. Während des 2.Weltkriegs habe ich einen Verfolgten in meinem Keller versteckt." Antwortet der Priester:

„Mein Sohn, das ist doch keine Sünde."

Darauf wieder der Mann:

„Aber ich hatte mit ihm vereinbart, dass er mir jede Woche die er sich bei mir versteckt eine Goldmünze zahlen muss." Priester:

„Ich muss zugeben, dass war nicht nett, aber du hast es für einen guten Zweck getan und trotz des hohen Risikos entdeckt zu werden."

„Danke Vater. Jetzt bin ich wirklich erleichtert. Aber ich habe noch eine letzte Frage."

„Welche denn mein Sohn?"

„Muss ich ihm jetzt sagen dass der Krieg vorbei ist?"

—

Der Leutnant knurrt den jungen Landser an:

„Ich habe sie heute nicht bei der Tarnungsübung gesehen!"

Darauf der Landser:
„Oh, vielen Dank Herr Leutnant."

—

Offizier: „Soldat, kannst du mir zehn Reichsmark wechseln?"

Landser: „Klar, Kumpel."

Offizier: „Das ist keine Art mit einem Offizier zu reden! Jetzt probieren wir es einfach nochmal!"

Offizier: „Soldat, kannst du mir zehn Reichsmark wechseln?"

Landser: „Nein, Herr Offizier!"

—

Ein junger Wehrmachtssoldat, der gerade frisch an die Front kam, fragt den Leutnant nach einem 3-Tage Urlaubsschein. Der Leutnant antwortet: „Bist du verrückt? Du bist gerade frisch angekommen und schon möchtest du einen Urlaubsschein? Wenn überhaupt, musst du erst etwas Spektakuläres getan haben um dir den Schein zu verdienen!"

Einen Tag später kommt der Wehrmachtssoldat mit einem amerikanischen Panzer in das Lager gefahren! Der Leutnant war sehr beeindruckt und fragte: „Wie hast du denn das geschafft?" Darauf der Wehrmachtssoldat:

„Nun, ich sprang in einen unserer Panzer und fuhr an die feindliche Linie zu den Amis heran. Da entdeckte ich einen amerikanischen Panzer. Ich zeigte die weiße Fahne und auch der Soldat im amerikanischen Panzer zeigte die weiße Fahne. Dann sagte ich zu dem Amerikaner: ‚Möchtest du einen drei Tage Urlaubsschein?' So wechselten wir die Panzer."

—

Frage: Warum wurden nach 1943 Glasfenster in den Rumpf deutscher Kriegsschiffe eingebaut?

Antwort: Damit sie ihre Kampfflugzeuge besser im Blick halten konnten.

—

„Was sind sie in ihren normalen Leben, Gefreiter?"

„Glücklich, Herr Leutnant!"

—

Die Aufseher in einem Kriegsgefangenenlager langweilen sich, so überlegten sie sich einen Wettkampf durchzuführen.

Der eine greift sich einen amerikanischen Gefangenen und fragt: "Du, wie hoch kannst du springen?"

Der Gefangene antwortet, "Ich weiß nicht, vielleicht einen halben Meter?"

"Nun gut", sagt der Aufseher „Hier hast du einen halb Laib Brot."

Ein anderer Kriegsgefangener hörte dies und ging näher auf die Wachen zu.

"Wie hoch kannst du springen?"

"Einen Meter."

"Großartig! Hier hast du einen ganzen Laib Brot."

"Und wie hoch kannst du springen?" Sagte der Wächter und zeigte auf einen dritten Gefangenen.

"Zwei Meter."

"Erstaunlich! Hier, du bekommst zwei Laib Brote."

"Und du, was ist mir dir, wie hoch kannst du springen?" rief der Aufseher einem vierten Gefangenen zu.

"Fünf Meter!"

Plötzlich schrie der Aufseher:

„Schnell, erschießt ihn, bevor er über den Zaun springen kann!"

—

Frage: Wieso konnten die Deutschen Polen so schnell erobern?

Antwort: Sie marschierten rückwärts ein und die Polen dachten sie würden das Land verlassen.

—

Frage: Warum haben die Deutschen zwei Weltkriege angefangen?

Antwort: Weil es der einzige Weg war, Besucher in das Land zu bekommen.

—

Frage: Was ist der Unterschied zwischen dem Christentum und dem Nationalsozialismus?

Antwort: Im Christentum, starb einer für all die anderen.

—

Polen 1940. Hitler ist unterwegs zu einem Truppenaufmarsch. Das Auto rast an einem Bauernhof vorbei. Da läuft plötzlich ein Schwein auf die Straße. Der Fahrer kann nicht mehr bremsen. Das Schwein stirbt. Hitler befiehlt seinem Fahrer, zum Hof zu gehen und es dem Bauern zu sagen. Der Fahrer sagt zum Bauern:

"Ich bin der Fahrer unseres Führers! Das Schwein ist tot!"

—

Normandie Mai 1944.

Hitler unterhält sich in einer Bunkeranlage mit einem einfachen Soldaten. Hitler fragt:

"Kamerad, was wünscht Du Dir, wenn Du an vorderster Front im Granathagel stehst?" Der Soldat antwortet:

"Dass Sie, mein Führer, neben mir stehen!"

—

Berlin, Sommer 1943.

Hitler und Göring stehen am höchsten Punkt des Radio Turms in Berlin. Beide überlegen was getan oder gesagt werden kann um die Kampfmoral der Bevölkerung aufzuhellen. Da sagte Göring plötzlich:

„Warum nicht vom Turm springen?"

—

Zwei vom Wiederstand engagierte Scharfschützen sollen Hitler töten, sobald er um ein Uhr den Besprechungsraum verlässt.

Es ist ein Uhr, aber kein Hitler zu sehen, dann zwei Uhr, aber Hitler zeigt sich immer noch nicht.

Um drei Uhr sagte der eine Scharfschütze zum anderen:

„Ich glaube, er lebt immer noch."

—

Berlin, in der Nacht vom 27. Auf den 28.Februar 1933.

Ein Adjutant stürmt in das Büro von Göring und ruft: „Der Reichstag brennt!" Göring schaut auf seine Uhr und sagt:

„Was jetzt schon?"

—

Adolf Hitler besucht eine Irrenanstalt.

Die Patienten heben ihren Arm zum Hitler-Gruß. Als er weiter geht kommt er zu einem Mann der nicht grüßt. Da bellt ihn Adolf Hitler an:

„Warum grüßen sie denn nicht?"

„Mein Führer, ich bin der Aufseher." antwortet dieser „Ich bin nicht verrückt!"

—

Während des Frankreichfeldzugs 1940.

Ein Leutnant erhält von seinem Vorgesetzten den Auftrag, mit seiner Gruppe Landser einen strategisch wichtigen französischen Bahnhof unbrauchbar zu machen. So schnell wie der Leutnant verschwand, war er auch wieder da: „Auftrag ausgeführt!" Darauf der Vorgesetzte:

„Ich bin beeindruckt! Wie haben Sie das so schnell hingekriegt?"

„Wir habe alle Fahrscheine verbrannt!"

—

Flughafen Tempelhof Berlin 1941. Ein Pilot kommt aufgeregt zum Hauptmann der Luftwaffen-Division und sagt:

„Herr Hauptmann, der Gefreite Müller ist ohne Fallschirm abgesprungen!" Darauf der Hauptmann:

„Was, schon wieder?"

—

Lagebesprechung im Hauptquartier der Wehrmacht. Adolf Hitler ist auch anwesend. Gesprächsthema ist die Kampfmoral der Matrosen auf den Schlachtschiffen der Kriegsmarine. Da meldet sich Adolf Hitler: Ab sofort werden nur noch Nichtschwimmer als Matrosen angeheuert!"

„Aber mein Führer, das geht doch nicht. Wieso gerade Nichtschwimmer?"

Darauf antwortet Adolf Hitler:

„Die verteidigen die Schiffe mit größerem Einsatz!"

—

Die jungen Fallschirmspringer sollen zum ersten Mal aus dem Flugzeug abspringen. Der Befehlshaber führt jeden einzelnen zur Luke und schubst ihn hinaus. Nur einer wehrt sich mit Händen und Füssen, doch schließlich kann er doch in die Tiefe befördert werden. Einer biegt sich vor Lachen. Brüllt der Befehlshaber:

„Über einen solchen Feigling können Sie noch lachen?"

„Feigling ist gut! Das war unser Pilot!"

—

Der Leutnant zum Landser:

„Schmidt! Wie bauen Sie ein Kanonenrohr?"

„Herr Leutnant, ich nehme ein Loch und baue Stahl außen rum!". Der Leutnant darauf:

„Schmidt! Woher nehmen Sie denn das Loch?"

„Herr Leutnant, ich nehme ein Ofenrohr und baue das Blech ab!"

—

Im Ausbildungslager. Der Ausbilder, ein Unteroffizier belehrt die Rekruten:

„Eine Gewehrkugel durchschlägt sogar dickes Holz." Und nach einer kleinen Pause fügt er hinzu:

„Also Vorsicht, immer schön den Kopf in Deckung halten!"

—

Der Landser: „Herr Leutnant, wir haben einen Schwulen in unserer Kompanie." Darauf der Leutnant:

„So wer ist es denn?" Wieder der Landser:

„Küssen sie mich und ich verrate es Ihnen!"

—

Wüste bei Tobruk, 21.Juni 1942:

Ein Engländer, ein Schotte und ein Australier wurden von den Deutschen gefangen genommen.

Der deutsche Offizier spricht zu ihnen: „Also, ihr dürft euch eine letzte

Sache wünschen bevor ihr erschossen werdet."

Der Engländer wünscht sich etwas Wasser, der Schotte möchte noch einmal einen Whiskey trinken und der Australier wüscht sich eine Autotür. Da fragt ihn der Deutsche:

„Weshalb wünscht du dir gerade eine Autotür?" Antwortet der Australier:

„Na bei der Hitze kann ich dann wenigstens das Fenster runterkurbeln um etwas kühlere Luft zu bekommen."

—

Im Lagerübungsplatz der Wehrmacht Berlin Spandau 1940:

Beim Exerzieren sieht der Leutnant dass einer der Soldaten nicht im

Rhythmus der anderen marschiert. Er geht auf ihn zu und sagt mit einem sarkastischen Unterton:

„Merkst du nicht, dass alle im falschen Rhythmus marschieren außer dir!"

„Was?" fragt der Soldat unschuldig.

„Ich sagte: Merkst du nicht, dass alle im falschen Rhythmus marschieren außer dir!" donnerte nun die Stimme des Leutnant.

"Nun gut Herr Leutnant, aber es ist ihre Aufgabe das den Kameraden zu sagen!"

Adolf Hitler zu seiner Sekretärin:

„Sie sind wirklich eine schöne Frau."

Sagt die Sekretärin:

„Leider kann ich ihnen das Kompliment nicht zurückgeben."

Darauf wieder Adolf Hitler:

„Dann machen sie es doch so wie ich: Lügen sie."

—

Berlin, 30.April 1945 im Führerbunker.

Adolf Hitler ruft alle im Bunker zusammen.

„Meine Herren, ich möchte ihnen folgendes mitteilen: Meine Eva bekommt in sechs Monaten ein Baby!"

Alles schweigt, keiner sagt ein Wort.

Schließlich überwindet Goebbels das Schweigen und fragt:

„Und Herr Hitler, haben sie schon jemanden in Verdacht?"

Ende

Weitere Bücher von Theo von Taane:

- o   Minecraft Notizbuch
  ISBN: 9783738628852
- o   Happy - Wünsch dir was!
  ISBN: 9783734728570
- o   Tennis Witze Knallbonbons
  ISBN: 9783732296490
- o   Tennis - ewiger Kalender
  ISBN: 9783734741289
- o   Witze rund um Volleyball
  ISBN: 9783734731801
- o   Witze rund um Basketball
  ISBN: 9783734703824
- o   Witze rund ums Schwimmen
  ISBN: 9783734734460
- o   Witze rund um Schach
  ISBN: 9783734731658

- o Witze rund um Tischtennis
   ISBN: 9783734731648
- o Witze rund um Eishockey
   ISBN: 9783734730716
- o Witze rund um Handball
   ISBN: 9783734731690
- o Witze rund um Karate
   ISBN: 9783734731666
- o Witze rund um Judo
   ISBN: 9783734731674
- o Witze rund um Golf
   ISBN: 9783734731704
- o Witze rund um Fußball
   ISBN: 9783734731712
- o „Je öfter man drückt, desto schneller kommt der Fahrstuhl!"
   ISBN: 9783735785794
- o Basketball Notiz- und Taktikblock
   ISBN: 9783734748110
- o Eishockey Notiz- und Taktikblock
   ISBN: 9783734748387
- o Feldhockey Notiz- und Taktikblock
   ISBN: 9783734748844
- o Fußball Notiz- und Taktikblock
   ISBN: 9783734748851
- o Futsal Notiz- und Taktikblock
   ISBN: 9783734748868
- o Handball Notiz- und Taktikblock
   ISBN: 9783734748875
- o Lacrosse Damen Notiz- und Taktikblock
   ISBN: 9783734748882
- o Lacrosse Herren Notiz- und Taktikblock
   ISBN: 9783734748905

- o Korbball Notiz- und Taktikblock
   ISBN: 9783734748936
- o Schach Notiz- und Taktikblock
   ISBN: 9783734748950
- o Squash Notiz- und Taktikblock
   ISBN: 9783734748974
- o Tennis Notiz- und Taktikblock
   ISBN: 9783734746406
- o Tischtennis Notiz- und Taktikblock
   ISBN: 9783734748967
- o Volleyball Notiz- und Taktikblock
   ISBN: 9783734748981

Motiv Notizbücher von Theo von Taane:

Titel	ISBN
Weltbeste Tennisspielerin	9783738610055
Weltbester Angler	9783738610062
Weltbester Bauarbeiter	9783738610079
Weltbester Eishockeyspieler	9783738610086
Weltbester Gärtner	9783738610093
Weltbester Golfer	9783738610109
Weltbester Jäger	9783738610116
Weltbester Judokämpfer	9783738610123
Weltbester Karatekämpfer	9783738610130
Weltbester Kraftsportler	9783738610147
Weltbester Läufer	9783738610154
Weltbester Radfahrer	9783738610161
Weltbester Inline Skater	9783738610178
Weltbester Skifahrer	9783738610185
Weltbester Snowboarder	9783738610192
Weltbester Sportler	9783738610208
Weltbester Surfer	9783738610215
Weltbester Taucher	9783738610222
Weltbester Tennisspieler	9783738610239

...weitere Titel verfügbar und aktuell in Vorbereitung.

Von Theo von Taane gibt es mehr Witzebücher, Spiele, Kalender, Notizbücher, Tools etc. als hier aufgeführt sind.
Einfach mal im Store nach ‚von Taane' suchen.

Viel Spaß!